**À ma famille, à Tom et la petite pêche, qui que vous soyez.
Chacun de vous a contribué à façonner ce livre. Merci.**

BIG PICTURE PRESS

Édition originale publiée au Royaume-Uni par Big Picture Press,
une marque de Bonnier Books UK
4e étage, Victoria House
Bloomsbury Square
Londres WC1B4DA.
Propriété de Bonnier Books
Sveavägen 56, Stockholm, Suède
www.bonnierbooks.co.uk

Traduction : Rosalind Elland-Goldsmith
Relecture : Catherine Rigal

Cet ouvrage est composé en Cabrito Didome
Les illustrations ont été réalisées à l'aquarelle et au crayon, et finalisées numériquement.

Loi n° 49-956 du 16 juillet 1949 sur les publications destinées à la jeunesse,
modifiée par la loi n° 2011-525 du 17 mai 2011.
Dépôt légal : octobre 2023

Sarah Maycock

L'amour

Traduit par Rosalind Elland-Goldsmith

Les albums
AUZOU

L'amour est

ÉBLOUISSANT,

comme un paon qui déploie

fièrement ses mille yeux irisés.

Mais, parfois, l'amour chante
un air plus **DISCRET**,
doux comme le chœur du soir,
et pas moins puissant.

L'amour est **JOUEUR**,
comme des suricates
qui se roulent
dans la poussière.

Mais l'amour peut être **SÉRIEUX**, aussi...
Chacun prend soin des siens
quand les temps sont durs.

L'amour est **COURAGEUX**,
comme un petit panda qui part
à la découverte du monde.

Mais l'amour est aussi

RÉCONFORTANT,

c'est une étreinte pour nous rappeler

que demain est un nouveau jour.

L'amour est **VIGOUREUX**,
comme la force et la fougue
des tigres sauvages.

Mais l'amour est **DOUX**, aussi,
et plein de moments tendres.

L'amour est **MAGNIFIQUE**,
comme l'abri construit par le passereau
pour sa bien-aimée, tout orné de trésors.

Mais la beauté de l'amour
peut prendre **MILLE EXPRESSIONS...**

... un simple chant, une danse colorée,
un visage aimant.

L'amour est **DURABLE**,
il parcourt les générations.

Et, même lorsqu'il est **FUGACE**, l'amour reste dans les mémoires, les sourires et les récits.

L'amour est **AUDACIEUX**,
comme un orang-outan
qui grimpe, toujours
plus haut, pour cueillir
le fruit le plus mûr.

Mais l'amour peut aussi être **PRÉVENANT**, attentif aux besoins des autres.

L'amour, c'est **ÊTRE ENSEMBLE**, comme les baleines qui nagent côte à côte et nouent un puissant lien.

Mais on a tous besoin d'**ÊTRE SEUL**,
parfois, pour réfléchir, explorer,
être libre… et cela aussi, c'est l'amour.

L’amour est **VÉLOCE**,
il a le pied léger,

comme les lièvres sauvages
qui traversent les herbes
hautes à grands bonds.

Mais l'amour qui **PREND SON TEMPS...**

... n’est pas moins réjouissant.

L'amour est **UNE CHOSE PUISSANTE**,
car, grâce à l'amour...

... tout est **POSSIBLE**.